Y. 1327.
2.

Réserve. (Par le comte de
Maurepas, le prési-
dent de Montesquieu,
le comte de Caylus,
Moncrif, Crébillon
fils, Sallé, La Chaussée,
Duclos, d'Armenonville,
et l'abbé de Voisenon,
d'après Barbier.)

2840

LES
ETRENNES
DE
LA SAINT JEAN.

A TROYES,
Chez OUDOT.

POUR répondre aux bontés avec lesquelles le Public répond aux soins que je me donne, je lui présente cet Ouvrage qui renferme presque tous les Morceaux connus dans la Littérature. Si celui-ci prend bien, je donnerai incessamment un second Ouvrage où l'on trouvera ceux qui ne sont point dans ce présent Volume : comme des Observations du Pour & du Contre, quelques Glaneurs, & autres Morceaux à la mode.

L'EDITEUR AU PUBLIC.

QUAND l'on examine la vie du Monde, l'on trouve toujours que le Sage a eu grande raison de dire qu'il falloit travailler; en effet, qu'est-ce qu'un homme qui ne fait œuvre de ses dix doigts? C'est un fainéant que personne ne regarde, à moins que ce ne soit pour en battre la Moutarde & se mocquer de lui, ou plutôt pour le regarder avec mépris. Nul, que je sçache, ou du moins fort peu de gens n'aiment à être regardés de la maniere, & ne soutiennent point la fainéantise, quand bien même ils auroient dequoi mettre sous la dent. Je sçais très-bien que notre bonne mere la Nature est marâtre pour d'aucuns, & que tous ses Enfans ne peuvent pas avoir le même talent; mais comme dans une famille qui feroit de douze enfans groüillans, il n'y en a point qui meure de faim, & qui pour fa réfection n'ait du moins du pain & de l'eau, il en eft affurément de même dans la vie de ce Monde ; comme par exemple, il arrive en ce préfent petit Recüeil que je vous préfente, ami Lecteur ; car n'étant pas affez fort pour imaginer, ni vous donner des chofes de mon crû ; ce qui, Dieu aidant, ne manquera pas de me fuccéder avec la peine & la fatigue que je me donne : en attendant, je raffemble avec foin des Morceaux, qui feroient perdus fans les foins que je me donne ; & lorfque j'en ai une quantité fuffifante, je m'en accommode avec un honnête Libraire ; ainfi vivant avec loyauté, quoique petitement, je conferve à la Poftérité des chofes, qui fans moi ne feroient jamais plus rencontrées, & qui méritent cependant quelque confidération ; car fi l'on a raffemblé ce qui regarde la Politeffe, ce qui concerne l'écriture des Lettres, la façon de faire des Complimens, & mille autres choses fort utiles pour se bien gouverner, l'on doit aussi conserver ce qui a servi pour des Bouquets & pour des Plaisirs innocens & gracieux, qui se trouvent mêlés dans les devoirs de la vie du Monde; on en a besoin très-souvent jusqu'à la plus grande vieillesse; car c'est fort bien fait d'être toujours Galant. Voici donc tout le fruit de mes dernieres Recherches, composé de choses qui n'ont point encore paru sous la Presse, & je vous en fais présent, Ami Lecteur, pour en tirer votre profit en tems & lieu, & suivant l'occasion. Adieu.

Monsieur P..... toujours magnifique, & sçachant profiter de toutes les occasions qui se présentent pour régaler ses Amis, en rassembla chez lui un grand nombre le jour de la Saint Martin. La Compagnie se rendit de bonne heure au rendez-vous, & Monsieur P......

qui sçait parfaitement bien son monde, avoit rassemblé beaucoup de Tables pour les faire quadriller. Il fit ensuite servir un Repas dont le détail pourra servir d'instruction à ceux qui se trouveront avoir la même générosité. Il donna d'abord une grande fricassée de Poulets, avec une belle tourte de Pigeonneaux; un Cochon de lait, & le Dindon consacré à ce jour étoit accompagné d'une grande Salade. Pour Entremets (car Monsieur P..... n'oublia rien) on servit chacun sa moitié de pied à la Sainte Menehoult, avec des Oeufs dans le jus du Gigot. Le tout fut remplacé par des fruits d'Hyver de son beau Jardin de la Courtille, & du Fromage. Le Vin à quinze y fut abondamment servi; & tout le monde, après avoir été traité à bouche que veux-tu, s'en alla pénétré des manieres honnêtes de Monsieur P..... C'est ainsi qu'il faut toujours régaler ses Amis & ses connoissances.

POur entretenir les bons usages établis dans le beau Monde, pour se récréer, plusieurs Demoiselles qui logeoient autour de la Grêve, & dont la Promenade étoit sur le Port aux Bleds, ayant trouvé que le jeune F..... s'en faisoit trop accroire pour un Clerc; en un mot, qu'il faisoit le fendant, résolurent pour le punir de lui faire tenir ce Billet par un Laquais du Public, ordinairement dit un Savoyard.

« Le Quartier est trop médisant pour que je puisse vous y parler, trouvez-vous, beau F..... demain à dix heures du matin, dans un Fiacre, auprès du Cerceau d'or, dans la rue de Vaugirard; je m'y rendrai, & j'ai lieu de croire que vous ne serez pas fâché de m'y rencontrer. »

F..... ne manqua pas de se trouver au Rendez-vous une heure plutôt qu'on ne lui avoit mandé; & sur les deux heures après midi, n'ayant encore vû perſonne, il ſe reſſouvint qu'il étoit le premier jour d'Avril; il en fut pour ſon Fiacre, & revint tout honteux chez lui ſans oſer convenir qu'il n'avoit pas dîné, de peur d'attirer la riſée; mais les plaiſanteries du Quartier furent ſi fortes, que ne les pouvant ſoutenir, il prit parti avec un Capitaine. Cet exemple nous apprend qu'il ne faut jamais avoir de la fierté mal placée.

UN jeune Praticien ſentoit depuis long-tems l'aiguillon de l'Amour pour Mademoiſelle Roſette, fille d'un Procureur, chez lequel il alloit apprendre l'Art lucratif de la Chicanne; il ſoupiroit par reſpect, ſans oſer lui avoüer ſon Amour. Il avoit ſouvent jetté des œillades, ſerré le bout des doigts, marché ſur le pied, mais inutilement; la merveilleuſe Roſette tournoit la tête, retiroit ſes doigts bruſquement & répondoit par un coup de pied, & ne vouloit rien entendre. Enfin, notre Amoureux n'y pouvant plus tenir, résolut de se déclarer, & imagina pour cet effet le tour que vous allez voir. Il prend un papier de la forme du papier timbré, y trace au haut un Cartouche semblable au vrai timbre, & y dessine dans le milieu trois Roses, avec ces mots à l'entour : *Petit papier, deux baisers la feüille* ; puis imitant l'écriture de Sergent, il écrivit au-dessous ce qui s'ensuit.

« L'an de fidélité mil sept cent trente-sept, le septiéme du mois des Amours, la Requête de Jérémie Tircis, tendre & respectueux Amant, lequel a élû son domicille ruë de la fidélité, à l'Hôtel de l'Espérance : J'ai Eustache Clitandre, Huissier à Verge immatriculé en la Cour Souveraine de Cupidon, demeurant ruë des Bonnes-Nouvelles, près la grande Pinte ; soussigné, donné Assignation à Damoiselle Agnès Rosette, fille mineure, demeurante chez Me Boniface Clopin »

A iiij

» son pere, Procureur ruë des Mau-
» vaises Paroles, en parlant à son
» petit frere, qui n'a voulu dire son
» nom, de ce interpellé suivant l'Or-
» donnance, à comparoir d'hui à
» huitaine pardevant le susdit Mon-
» seigneur Cupidon, pour voir dé-
» clarer bonne & valable la Passion
» dudit Jérémie Tircis pour ladite
» charmante Rosette, & se voir con-
» damner à l'écouter favorablement;
» & en cas de refus, à y être con-
» trainte par toutes voïes dûës &
» raisonnables, même par corps; lui
» déclarant, qu'en cas de Procedure,
» Me le Liévre occupera pour ledit
» Tircis, & lui ai laissé copie des
» Présentes, à ce qu'elle n'en igno-
« re.

CLITANDRE.

Controllé à Cythere l'an
& jour que dessus,
BONTEMS.

On prétend que ce petit Ouvrage
réussit pleinement; car Rosette qui
visoit à l'esprit, porta cette Piéce à

sa Mere qui en fut charmée, ainsi que toutes ses voisines. Tircis fut bien reçû, on lui fit fête ; tout le monde le voulut voir, lui & son Assignation, & l'on l'a regardé long-tems dans le Marais comme un chef-d'œuvre digne de la Carte du Tendre. C'est sur une de ces Copies fidelles que l'on a tiré celle-ci, pour vous en faire part, Ami Lecteur, espérant que vous en ferez le cas qu'elle mérite, & que vous lui rendrez justice.

Lettre Persanne d'un Monsieur de Paris, à un Gentilhomme Turc de ses Amis.

Monsieur & très-cher,

Par l'honneur de la vôtre, j'ai appris ce que vous me faites la civilité de me mander, dont j'ai l'honneur de vous remercier ; car il est toujours gracieux d'être instruit de Nouvelles pour un quelqu'un qui

A v

va souvent en Compagnie. Votre nouveau Visir me paroît un fort joli homme, & il ne l'entend pas trop mal : je m'étois bien douté (car je sçais un peu l'allure) que les Femmes l'avoient porté, car c'est tout de même chez nous ; elles poussent leurs Amis tant qu'elles peuvent, & finalement il n'y a rien de meilleur que d'être favorisé du beau Sexe : je prens la liberté de dire cela, en passant, à vous qui êtes un Seigneur des plus accomplis, & qui ne tombe pas dans beaucoup d'inconvéniens fort communs chez vous comme ailleurs, & par tout. Par exemple, nous sommes ici en Carême, c'est comme qui diroit Parmasan chez vous, cela a fait un cas dont voici l'occasion.

Une jeune Personne de bonne Maison, dont le Mari étoit Maître-d'Hôtel chez un Soufermier, avoit depuis quelque tems conçû la plus violente passion pour le fils d'un Chaircuitier, c'est à peu près comme qui diroit chez vous un Marchand de Cochon; le jeune homme avoit accoutumé quelquefois souvent de porter (en allant donner son Mémoire pour compte) un Cervelas par-dessus le marché, qu'il portoit sous son tablier, & qu'il donnoit en cachette à la Femme, qui étoit fort sensible à ces petites attentions. Il y a huit jours que le Mari rentrant chez lui plus matin qu'à l'ordinaire, monte à sa chambre; ce qu'ayant entendu le Chaircuitier ensemble & l'Epouse, furent fort consternés, dont le Mari augurant quelque chose, demanda sur quoi c'étoit que le Monsieur étoit là-haut; lequel sans se déférer du tout, repartit: Monsieur, j'avois pris la liberté d'apporter à Mademoiselle une petite douceur pour son déjeûner; & tout de suite descendit l'escalier quatre à quatre. Mais la jeune Personne étant hors d'elle-même par son émotion secrette: qu'est-ce que cette petite douceur, dit-il? Hélas! dit-elle, c'est un Cervelas. Un Cervelas! où est-il? Il l'a remporté, ce dit elle ; car je n'en ai fait que tâter. Un Cervelas, répondit-il, quand on n'est pas en charnage ? on m'en repousse. Vous me pardonnerez, mon Fils, répondit-elle alors gracieusement, on en fait pour les personnes dégoûtées. Cette fausse monnoye fut prise par le Mari pour de l'argent comptant. Il faut conclure de-là que l'habilité des Femmes est partout d'une grande adresse.

L'autre fois que je me donnerai l'honneur de vous écrire en premier, j'aurai celui de vous faire Réponse. Je vous envoye des Ecrits nouveaux, fort curieux & intéressans pour personne de votre mérite, dont j'ai l'honneur de me dire, en baisant la main, le. . . .

Réponse pour le Gentilhomme Turc, à la Lettre Persanne de Paris.

Monsieur & cher Ami, quoique je ne sois pas connu de vous,

n'étant point le Gentilhomme Turc à qui s'adresse l'honneur de la vôtre, je ne laisserai pas que de vous tirer de l'embarras où vous auroit mis de n'avoir aucune Réponse, parce qu'en Turquie les Gentilhommes Turcs ignorent souvent d'avoir appris à lire, ce qui fait, qu'avec votre permission, je vous participerai quelques pensées que j'ai faites en maniere de Remarques, sur l'ignorance indécrotable de votre Lettre.

Vous avez pris la bonté de me dire (car posez le cas que je suis le Gentilhomme Turc qui parle) vous nous glissez donc, sans faire semblant de rien, qu'il y a des Marchands de Cochon chez nous, dont il y a à cela beaucoup de malice ; car nous voyons bien que vous êtes un Critique qui déchire la réputation du beau Sexe par un Cervelas : vous m'entendez du reste. Or sçachez donc que ce n'est pas ici comme qui diroit à Londres ; car puisque vous êtes Persan & mauvaise langue à l'endroit du prochain, que ne dites-vous plutôt la vérité du fait ? c'est à sçavoir que dans aucunes Villes qu'il y a, il y a si peu de Police qu'on voit les jeunes Demoiselles dans les ruës qui s'amusent à joüer à la fossette avec de petits Libertins, malgré pere & mere, comme des Orphelins abandonnés, & qui à faute de ce qui en peut arriver de-là, ne trouvent plus la façon de s'établir ; car pour nous affrioler, il faut faire les saintes Mitouches, & tout au rebours, elles vous ont l'air d'avaleuses de Poix gris : d'où qu'on a bien raison de dire que les parens sont de vrais Judas, quand ils ne mettent pas la paille & le bled pour donner une belle éducation à leurs enfans ; car il n'y a que cela qui tourne les Filles & qui pousse les Garçons.

UN des Douloureux de la Belle Marie, lui écrivit un jour de Vierge : Si je pouvois vous être les quatre premieres Lettres de votre nom, vous ne seriez jamais les cinq.

Ce Billet accompagnoit un Bouquet de Soucis & de Pensées, & sa constance fut récompensée.

Le Bouquet de Roses.

CErtaine Agnès, qui s'appelloit de même, belle, charmante & jeune, comme on doit l'être à cet âge *, aimoit, sans le sçavoir, le fils d'un Bourgeois de son voisinage. A la fin il arriva que le jour de sa Fête chacun lui apporta des Bouquets. Le gentil Voisin y vint aussi lui souhaiter une bonne Fête, mais il y vint les mains vuides, dont on lui fit la guerre agréablement ; & Agnès même sans qu'il y parût, car elle étoit bien née, ne put s'empêcher dans l'ame de lui en sçavoir mauvais gré; c'étoit moins un présent qu'une marque d'estime qu'elle auroit voulu recevoir du Voisin. Lui sans se déconcerter, leur dit : Vous n'y connois-

* Elle devoit avoir près de quinze ans à la saint Jean prochaine.

fez rien, tous tant que vous êtes, car j'apporte à Mademoiselle...... en même-tems, par surprise & sans dire gare, il fournit à Agnès deux baisers des mieux appliqués qu'il en fut jamais; si bien qu'il colora tous les attraits de la Belle, qui, s'écriant au fort de l'émotion : Hé bien ! que faites-vous donc ? Il lui répondit: J'embellis ce que j'aime. Agnès continua de s'animer & de rougir : si sa rougeur vint de pudeur, il n'importe; il suffit que le Voisin content de son exploit, leur dit à tous : Voyez si je ne lui ai pas donné un Bouquet de Roses.

DIALOGUE

EN FORME DE QUESTIONS,

SUR LE MARIAGE.

Demande.

Quelle est la premiere chose qu'il faut faire, avant de se marier?

quand on a le deſſein de faire un établiſſement ?

Réponſe.

Il faut trouver une Epouſe qui ait tout ce que votre cœur peut ſouhaiter pour ſon contentement.

Demande.

Quelle eſt la partie la plus eſſentielle qui rend le Mari content ?

Réponſe.

La tête de la Femme.

Demande.

Si vous trouvez Fille qui vous convienne, qu'y a-t'il à faire avant de l'épouſer ?

Réponſe.

Sçavoir premier ſi elle n'eſt pas la Femme d'autrui.

Demande.

Si vous avez volonté d'épouſer quelqu'un, que faut-il faire de plus ?

Réponſe.

Qu'elle le veüille bien auſſi.

Demande.

Comment ſçaurez-vous ſi elle eſt Pucelle ?

Réponse.

En vous en informant, sans faire semblant de rien, dans le Quartier, à des personnes qui le sçachent bien.

Demande.

Comment faut-il faire pour se rendre agréable aux Parens de la future ?

Réponse.

Etre poli, honnête & généreux.

Demande.

Qu'entendez-vous par poli & honnête ?

Réponse.

D'avoir toujours de belles paroles en bouche ; offrir souvent du Tabac à la Compagnie, si vous avez une Tabatiere d'écaille, d'argent, de corne, ou autre métal : & si la Demoiselle en use, tirez votre rappe, & lui en rappez du frais sur le champ, elle sera sensible à cette attention de votre part.

Demande.

Que faut-il faire pour être généreux ?

Réponse.

Ne pas trop regarder à l'argent, mais y avoir l'œil; & allant à la Promenade, de payer quelquefois à la Compagnie du Croquet, petits Gâteaux, Pain de Mouton & autres friandises, sans oublier les rafraîchissemens.

Demande.
Quand vous aurez fait tout ce qu'il faudra à l'endroit des Peres & Meres, qu'y aura-t'il à faire encore ?

Réponse.
Leur demander bien poliment si ils veulent vous bailler la Fille.

Demande.
Si ils disent que non ?

Réponse.
Ce sera peut-être pour vous en donner plus d'envie.

Demande.
S'ils disent que oüi ?

Réponse.
C'est peut-être que personne n'en veut.

Demande.
Comment sçavoir tout cela ?

Réponse.
On n'en peut être bien éclairci

qu'après le lendemain de la Nôce.
Demande.
Pourquoi pas auparavant ?
Réponse.
Parce qu'on se donne bien garde de vous dire de quoi est la triomphe.
Demande.
Il faut donc bien prendre garde à ce qu'on fait ?
Réponse.
Sans doute, & si l'on est souvent attrapé.
Demande.
Si on a été attrappé, que faut-il faire ?
Réponse.
N'en rien dire & se taire.
Demande.
Si l'Epouse a l'humeur acariâtre ?
Réponse.
Battez-la comme Plâtre.
Demande.
Si elle est plus forte que vous ?
Réponse.
Elle ne portera pas les coups.

Monsieur C..... si connu par les Galanteries qu'il a pour toute sa ruë, voyant arriver la sainte Marguerite, & voulant témoigner à la belle Gogo sa voisine, pour laquelle il avoit le cœur égratigné, l'extrême considération de ses sentimens, fit venir, la veille au soir sous ses fenêtres, un Orgue de Barbarie. Les plaisans du voisinage commencent par faire des gorges chaudes d'une Musique aussi commune, puisqu'on peut s'en régaler tous les soirs à bon compte; mais quel fut leur étonnement quand trois Violons & une Basse, en un mot, une des meilleures bandes du Pont-aux-Choux fit entendre la descente de Mars, & plusieurs beaux Airs qui durerent pendant plus de deux heures!

On a bien raison de dire qu'il faut attendre jusqu'à *Amen*, sur tout pour se mocquer.

Les Mémoires du Président Guillerin.

CE n'est pas parce que feu Mademoiselle Chaudron étoit mon épouse ; mais je puis dire, sans me vanter, que depuis qu'on a un quelqu'un pour compagne de couche, on ne s'est jamais marié à une personne plus accomplie. Elle m'a donné bien du chagrin, il est vrai, mais je lui ai pardonné, parce que c'est qu'elle étoit comme cela ; & que de même que les Mariages sont écrits dans le Ciel, il y a aussi (faut croire) des bisbilles qui sont d'autant plus ordinaires dans les ménages, qu'elles arrivent tous les jours ; c'est ce qui a fait dire à un Auteur, qu'on ne doit point mettre le doigt entre le marteau & l'enclume, pour insinuer qu'il ne faut pas se marier. La pauvre femme, sans cela, m'auroit aimé comme ses yeux ; & je puis dire à sa loüange, que sans les poires d'angoisses qu'elle m'a fait avaller, je ne serois pas si heureux que je le suis.

J'étois fort du monde lorsque j'en fis la connoissance. Mon défunt Pere me dit un jour : Mon Fils, vous serez Président de ce Grenier à Sel, car on ne sçait qui vit ni qui meurt. Dites-moi, vous hantez la maison de Madame Chaudron, c'est une brave femme, je n'en disconviens pas ; il n'est pas certain qu'elle ait jetté son défunt Mari dans le Puits, comme on l'a voulu dire : conclusion, quoiqu'il aille bien du monde chez elle, elle n'a pas le moyen. Vous rodez à l'entour de ses filles, & à votre âge je me plaisois en la compagnie du beau Sexe, d'autant plus que Mesdemoiselles Chaudron sont jolies comme un charme, & qu'elles se comportent de la maniere qui convient à d'honnêtes filles qui ont de la vertu ; mais ce n'est pas là dequoi est la triomphe. Mon Pere, je vous entens bien, lui répondis-je ; & là-dessus je me retirai dans mon Cabinet pour réfléchir en moi-même, pensant à ce que j'avois à faire dans la circonstance de l'occasion, & voyant qu'il falloit prendre un parti, je mis ma perruque & je sortis.

J'arrive chez Madame Chaudron. Dès que je fus assis, comme je faisois des complimens : sur quel pied fréquentez-vous ceans depuis trois mois, me dit Madame Chaudron, en me montrant Mesdemoiselles ses trois filles ? J'y viens pour un bon sujet, répondis-je, un peu étonné de la surprise que me fit cette demande, d'autant que je ne m'y attendois pas autrement. Hé bien ! continua-t'elle, il faut donc que vous fianciez aujourd'hui celle qui vous agréera pour épouse ; d'autant que je ne suis point une mere (car mettez-vous à ma place) à laisser courir de faux bruits à l'endroit de mes filles, & je ne vous dis cela qu'autant que vous êtes honnête-homme ou que vous ne l'êtes pas. Moi je sentis bien cet affront, & sans balancer un moment : Oüi, Madame, lui dis-je, je suis honnête-homme, & je n'en aurai jamais d'autres ;

re; c'est Mademoiselle Chaudron la puînée que je vous demande : je lui ai déclaré, il est vrai, mon affection que je lui ai fait connoître ; je vais en faire de même à mon Pere. Je ne fus ni fou, ni étourdi ; j'allai toujours courant le trouver, & avec toute l'obéissance que le respect d'un fils a pour son Pere, je lui dis net que je venois de demander pour légitime épouse Mademoiselle Babiche Chaudron. Il me regarda quelque tems entre deux yeux. Vous l'épousez, mon fils, me dit-il, ne vous l'avois-je pas défendu, & je crois même qu'il n'y a qu'un quart-d'heure ? Elle n'a pas de quoi, & vous sçavez de quoi est capable le qu'en dira-t-on, par les mauvais discours tenus au sujet de cette Demoiselle, en parlant d'elle ; mais enfin je suis votre Pere, c'est à moi de me montrer le plus raisonnable ; j'approuve ce Mariage, allons ensemble chez la mere. Nous y allons. Ma Commere, dit-il à Madame Chaudron (car je me suis toujours souvenu des propres paroles)

B

mon Fils n'est qu'une bête, & c'est à moi de lui marquer des entrailles de Pere; puisqu'il veut en faire la sottise, je ne vous en dédirai pas, dressons les Articles. Cela fut bientôt fait, & nous allâmes souper à notre Jardin, où ce qui arriva à Table fait bien voir ce que c'est que la prédestination, quand l'Etoile s'en mêle. J'étois entre Mademoiselle Babiche & Mademoiselle Chaudron l'aînée, & comme on parloit de Fiançailles, je ne dis pas ce que je pense, continua l'aînée qui prit la parole; mais si vous épousez ma sœur Babiche, je veux que ceci soit de la poison pour moi, (dit elle agréablement en sablant une rasade de vin rosai) si je ne signe le Contrat pour elle. Et là-dessus, mon Gendre, me dit Madame Chaudron, l'entendez-vous ? Elle est l'aînée de la famille, elle en épouseroit plutôt dix autres que de laisser passer, en cas de cela, sa sœur devant elle. Qu'est-ce qui vous fait préférer Babiche? Est ce parce que vous l'aimez ? Cela n'y fait pas d'un coup à sifflet;

vous n'aurez pas été un an l'époux de celle-ci, que vous m'en direz des nouvelles. Comme elle proferoit la parole, arrive, comme par exprès, quoique ce fût fortuitement par hasard, Monsieur Gandion le Notaire. Votre serviteur, dit-il; car c'étoit un rouftilleux corps: Voilà des Articles tout dreſſés; mais comme dit cet autre, qui eſt-ce qui tiendra la queuë de la poële? C,a, laquelle eſt-ce qui ſe marie?

Mon Pere, qui pendant tout ce tems-là ne faiſoit ſemblant de rien, s'entretenant avec Mademoiſelle Chaudron la cadette, laquelle il écoutoit ſans rien dire, parce qu'elle avoit de l'eſprit comme un charme; mon Pere, veux-je dire, s'écria tout d'un coup: Elle ſera ma Bruë ou je mourrai à la peine d'être ſon Beau-pere. Voilà, continua-t'il, Mademoiſelle votre cadette qui vient de me dire comme cela, que ſi elle avoit un mari, il ne mourroit jamais que de ſa main. O! cette gentilleſſe-là ne peut venir que d'un bon eſprit, & je la

B ij

demande pour mon Fils. O ça, me dit-il, remerciez courtoisement Mademoiselle Babiche; ce que je fis, en lui disant: Mademoiselle, je vous demande pardon & excuse, c'est que je n'y avois pas réfléchi; mais ne vous épousant point, puisque je prens Mademoiselle votre sœur, je me fais véritablement un plaisir d'être votre Beau-frere. Monsieur, je ne sçais point faire la Pigrièche, me répondit-elle; & puisque vous en usez de la maniere, je ne dis mot. Sur ces entrefaites, elle me donna un soufflet d'une main, elle cassa une pille d'assiettes de fayance de l'autre, & elle s'en alla. Tout ça est signe de joïe, dit Madame Chaudron, n'en rions pas moins pour cela. Compere Gandion, faites le Contrat, nous le signerons demain, & ils tâcheront d'épouser Dimanche.

Comme nous nous en retournions pour aller faire la Veillée chez mon Pere, nous trouvâmes, chemin cheminant, les Marionnettes du sieur Aléxandre Bertrand, qui défaisoient leur Théâtre ; parce qu'ils s'en alloient. Son Fils aîné, qui étoit déguisé en fille, prit son Violon & nous reconduisit à la maison ; & avant de nous quitter : l'usage, dit-il, d'une occasion comme la voilà, c'est d'embrasser Mademoiselle l'Accordée. Là-dessus, il saute au col de ma future, & cela nous mit tous de bonne humeur, d'autant que nous en étions déja. Nous le conviâmes de rester avec sa Troupe pour nous faire danser en Bal, ce qui fut fait, & cela faisoit plaisir à voir. A minuit, environ, comme je dansois la Forlande avec mon Accordée : il faut, n'est-ce pas, que je me déguise, me dit-elle ? & elle prit sous le bras le jeune Bertrand, & s'en alla à Catimini. Une heure après je demande : Où est donc la future ? On la cherche. Où est ce donc qu'elle est ? faut la trouver, ce dit-on. Fort peu de ça. On rôde toute la maison, on ne trouve non plus d'Accordée que dans mon œil. C'est quelque drôle de tour, dit Madame Chaudron; qui nous apprêtera bien à rire. A cette parole elle appelle ses deux filles, & s'en retourne chez elle. Je la ramenne en la reconduisant, sa fille cadette n'y est point. Je vais me coucher. Le lendemain m'étant éveillé dès le potron Jaquet, comme mon Pere ronfloit encore, parce que le vin l'avoit surpris au Bal, je vais à l'Ecurie; je prens sa Jument & le chemin de Niort; on y sçait des Nouvelles, se dis-je en moi-même, puisqu'on y vend la Gazette. J'arrive le troisiéme jour; je vois dans la Place le Theatre du sieur Bertrand; & sur lui, je reconnois ma future, qui je pense, joüoit le Rôle de Chimene, car elle étoit habillée en Amazone. Quand le Jeu fut fini, voyant Mademoiselle Chaudron qui s'en alloit, tenant sous le bras le jeune Bertrand déguisé en Arlequin : Eh! je crois que vous voilà, lui dis-je? Qui est cet insolent? je ne vous connois pas, mon Ami, me dit-elle en faisant une grande révérence. Elle ne me reconnoît pas, dis-je en moi-même, parce qu'elle est déguisée ; mais du moins elle est civile, il ne faut point la rebuter ; elle croiroit peut-être que je viens ici pour avoir une explication sur le mal entendu de son départ ; il faut de la prudence. Voyons demain de quel côté le vent viendra, & surtout bouche cousuë ; on ne se repent jamais de n'avoir point parlé, d'autant plus que trop graté cuit. Nous verons ça dans la seconde Partie.

Pour saint Pierre & saint Paul.

Nicolas & Damon, enfans de la Contrée,
Etoient tous deux soupirans de Philis ;
Des mêmes feux également épris.
Ils ignoroient encore leur douce destinée.
L'un, pour témoigner son ardeur,
Etoit toujours paré d'une Couronne ;
L'autre sans ornement veut plaire à son Vainqueur
Avec le seul tourment que son Amour lui donne.
A l'ombre de jeunes Ormeaux,

Tous deux trouvent Philis & profèrent ces
  mots :
C'est aujourd'hui, ma Belle, notre Fête ;
Vous connoissez, n'est-ce pas, notre Amour ?
Trop charmante Philis décidez en ce jour
De qui, d'entre-nous deux, vous êtes la con-
  quête ?
C'est trop barguigner en effet,
Dit Philis ; dans mes vœux je veux vous faire
  lire ;
De votre sort je m'en vais vous instruire,
En vous donnant un différent Bouquet.
Puis de sa droite elle offre sa Couronne
A Damon, qui n'en avoit pas ;
De sa gauche elle prend celle de Nicolas,
Au lieu de celle qu'elle donne ;
Par cette diverse faveur,
Alors, d'un air gausseux, demande la friponne :
Qui des deux se croit mon Vainqueur ?

La Rupture ingénieuse.

EN Amour, un des plus grands
embarras est d'abord de dire que
l'on aime ; mais la difficulté n'est pas

moindre de dire un jour que l'on n'aime plus : comme enfin tôt ou tard il en faut venir au dénouëment, il s'agit de s'en tirer galamment. Voyez la façon dont se servit un Cavalier des plus accomplis de la ville de X.... Il étoit attaché depuis trois mois à Madame de C..... mais on ne peut pas aimer toujours au même endroit. Les allées & les venuës sont ce qui rendent l'empire d'Amour plus florissant. La constance du Cavalier étant donc sur ses fins, un beau jour de sainte Elisabeth, qui étoit la Fête de la Dame, il lui envoya pour présent une petite figure en forme d'Oublieux, avec sa Lanterne garnie d'un bout de bougie fort courte, éteinte & renversée. Il avoit sur le dos un joli petit Corbillon où toutes les Lettres, Poulets, Billets, Portraits & autres de Madame C..... étoient roulés en façon d'oublies. La Dame qui sentit la finesse de cet Emblême, lui pardonna son inconstance en faveur de l'invention.

B v

L'Abbé Z..... qui étoit ce qu'on appelle un drôle de corps, se trouva chez Madame B.... qui pour les Etrennes de sa Niéce avoit promis de donner un Violon & des Bignets. Les Filles & les Garçons du voisinage se rassemblerent le soir chez elle pour se délasser de toutes les courses qu'ils avoient faites, & de tous les baisers qu'ils avoient donnés, comme on en donne ce jour-là; ils faisoient de grands récits sur leur nombre & sur leur qualité, quand l'Abbé Z.... parut dans la Salle. Toutes les Demoiselles convinrent, pour lui faire piéce, de ne lui donner que leurs oreilles à baiser. Il s'apperçut aisément du jeu joüé, & ne dit mot; mais comme suivant l'usage on donne aussi des dragées ce jour là, il leur en fit une abondante largesse; il est vrai que c'étoit du chicotin en dragée, & de la suye en guise de diablotins; quelques-uns même ont prétendu que c'étoit de la plus finne ou de la bouë de bled, mais je ne le puis croire quoiqu'il en soit; toutes les Demoiselles se jetterent sur lui, & le firent sortir de la Chambre, sans vouloir qu'il approchât de la Collation. Il eut beau leur dire, que comme elles l'avoient mal baisé, de même il leur avoit donné ses plus mauvaises dragées : ce fut toujours bien fait que de le punir, quoi qu'à dire le vrai, tout soit permis dans ces jours de Réjouïssance & de Godiolle.

Pensées différentes, sur divers sujets.

Tout a été dit, & il n'y a rien de nouveau sous le Soleil, disent Messieurs de Théophraste & de la Bruyere dans ses Caractéres ; mais ce grand homme a oublié de dire & de pratiquer une chose, à sçavoir, qu'il faut tourner sa plume sept fois en la main avant que d'écrire, comme on a dit de la langue dans la bouche.

Je dis donc, que tous les jours on

voit & on dit des choses nouvelles; n'y eût-il à moucher que les vices du Genre Humain qui augmentent chaque jour, nous ne voyons que trop d'exemples.

Par exemple, en fait d'ingratitude; un jeune homme de Famille adonné au Jeu, & à qui son Pere ne refusoit pas ce qu'il lui demandoit, n'a-t-il pas trouvé moyen de le voler d'une maniere basse & indigne ? Pendant qu'il dormoit, il prit un drap moüillé qu'il lui a jetté sur le corps, dont s'étant éveillé, il s'est débattu, & s'est tellement embarrassé en se débattant, qu'il s'est trouvé pris ; & puis l'a entortillé de maniere qu'il ne pouvoit voir, parler, & entendre. Alors étant à son bel aise, il a pris tout ce qu'il y avoit dans l'Armoire, l'a emporté & a fermé la porte; d'où on ne s'est apperçû que le lendemain qu'on a trouvé le bon-homme prêt à rendre l'ame, & qui a réchappé à grande peine. Cela ne fait-il pas horreur aux gens ? & ne doit-on pas montrer des Caractéres comme celui-là, pour en faire passer le goût ?

La Vanité nous fournira bien des sujets. Croirez-vous qu'on m'a assuré qu'un homme qui pour de Pere en Fils d'une grande réputation de sçavoir & d'érudition, la doit un quelqu'un qui travaille pour lui, & qui à faute de moyen, vend comme cela son propre mérite ? il faut le nommer ; c'est Monsieur Mathieu Lansberg, dont il n'y a plus du nom ; cependant on abuse le Public, & on lui donne toujours ce qu'ils ne font plus, puisque la Famille est éteinte. Ces Almanachs où l'on dit le tems qu'il fera, font que bien souvent on compte là-dessus, à faute de ce que l'Astrologie n'est pas encore assez à la portée de tout le monde, quoi qu'en dise un Auteur célèbre. Mais enfin, n'en retirera-t'on que l'avantage de détruire les Almanachs Fallaciens, ce seroit encore un grand bien pour l'avancement des Sciences. De-là naît la Jalousie dans tous les Arts ; le Poëte cherche à détruire le Poëte ; le Géométre, le Géométre ; l'Ecrivain, l'Ecrivain. Dans les Métiers, dans le Peuple, on voit également régner sizanie ; & cela, depuis que les Cordonniers veulent faire des Chapeaux ; & que l'on voit, comme dans notre Quartier Monsieur Boudinet le Perruquier, qui s'est fait Maître à danser ; Chicotin l'Epicier, qui veut faire des Airs à boire ; & le Laquais du premier Clerc de Monsieur Grapignan Procureur, qui fait des Piéces Satiriques sous des noms supposés. Voilà comme l'on trouve le Pour & Contre de chaque chose ; car il est bien certain que l'Ignorance & la Science ont leurs inconvéniens réciproques.

Le Ballet des Dindons.

LA Saint-Martin, dans tous les tems, fut un jour bien funeste aux Poulets d'Inde. Il n'est Fils & Filles de bon lieu qui alors n'en mange sa part ; on croit que c'est-là tout l'usage qu'on en peut faire, point du tout, l'Amour tire parti de tout.

Un jeune Amoureux folâtre, & plein de gentillesse envers une jeune Demoiselle qu'il recherchoit à bonne fin, s'imagina de lui donner un Divertissement des plus agréables, pour la saison qui est celle où l'on danse. Ils étoient donc tous en Famille rassemblés dans une Métairie ; ce fut là que notre Galant, à l'insçû de tout le reste du monde, fit faire *incognito*, un petit Théatre dans une Grange, comme pour y représenter les Marionnettes, excepté que le rés-de-chaussée du Théatre étoit de fer-blanc, ou si l'on veut de thaule, sous lequel, en tems & lieu, il fit mettre de place en place des brasiers ardens. A l'heure de la Comedie, il fit tant qu'il y fit venir la jeune Demoiselle & toute la Compagnie, qui ne sçachant rien de rien, s'assit. Alors on siffle, la toile se leve & les Violons joüent à l'ordinaire, hors que c'étoit une Sarabande bien grave ; on ne s'attendoit pas à ce que vous allez voir ; c'étoit une bande de Poulets d'Inde qui marchoient à pas comptés, ramaſſant çà & là des grains pour les nourrir. A meſure que le plancher du Théatre s'échauffoit, les ſuſdits Danſeurs ſembloient s'animer, & les Violons de joüer des airs à l'avenant, comme Gavottes, Paſſepieds, Menuets, Rigaudons, Tambourins & Cottillons fort en vogue à l'Opera, avec les Gigues & les Bourées du tems, dont leſdits Poulets d'Inde étoient forcés de ſuivre la meſure, à fur & à meſure de la chaleur du deſſous le Théatre, qui devenant inſenſiblement tout rouge, c'eſt alors qu'au ſon des Violons qui joüoient des Tempêtes, des Vents & des Furies, on vit tous les Dindons s'élever, ſauter, s'élancer, bondir à toute outrance; imitant les Entrechats, Jettés, Pirouettes & Gargoüillades de nos plus célébres Maîtres : dont l'Aſſemblée s'en retourna toute avec l'ame réjoüie, & les Dindons chacun avec les pieds à la Sainte Menehoult.

L'Emblême allégorique.

CEdant Arma Toga, c'est comme qui diroit en Latin, que l'Epée mette pavillon bas devant l'Ecritoire. Un jeune Conseiller au Bailliage de ***, vouloit faire un Emblême de l'Amour qu'il portoit, dans la même Ville, à une jeune Demoiselle de sa Jurisdiction ; & lui apprendre, en même-tems, quelle étoit sa rigueur envers lui. A cet effet il fit faire un petit Instrument, comme qui diroit de Gagne Petit, avec lequel on éguise les coûteaux ; mais toutes les piéces de son Instrument étoient Allégoriques, c'est en quoi gît la gentillesse. La Meule étoit en forme de cœur arrondi, ce qui désignoit la dureté de celui de la Belle ; au lieu de réservoir, qui est ordinairement un Sabot, c'étoit une Pentouffle, faite sur le modéle de sa Maîtresse ; & au lieu d'eau commune & ordinaire, il l'avoit rempli de ses larmes qu'il avoit amaſſées exprès pour cela ; & par-deſſus tout, notre Amoureux lui-même fabriqué au naturel, c'eſt-à-dire, en Robe & en Rabat, faiſoit l'office de Rémouleur ou de Gagne-Petit, avec cette Deviſe : « Voilà » ce qu'on gagne avec vous ». La Belle fut ſi charmée de l'invention du Conſeiller, qu'elle lui fit entendre qu'il ne falloit plus qu'un tour de Rouë pour que ſon cœur fût à lui.

L'Agréable D..... courtiſoit de ſon mieux l'incomparable Javotte, qui ſe picquoit d'avoir de l'eſprit & qui ne pouvoit en refuſer à D..... puiſqu'il parloit Latin (car il avoit très-bien fait ſes Etudes) il eſt vrai qu'elle ne l'entendoit pas ; mais Javotte n'eſt pas la ſeule dont l'ignorance produiſe l'admiration. D..... avoit beaucoup de raiſon pour déſirer de plaire à Javotte ; car elle étoit fort riche, & ſon pére poſſédoit beaucoup de bon bien au Soleil, ſans celui qu'il ne montroit pas. Indépendamment du Latin que D..... crachoit sans cesse, comme l'on dit, il faisoit continuellement des Vers & des Elégies pour son Adorable, ou pour mieux dire, il en copioit dans tous les Livres; sans compter les belles Lettres qu'il écrivoit, & dont il faisoit valoir la longueur. Malgré tant de mérite, il ne faisoit que de l'eau toute claire; & Javotte qui n'en avoit guéres, ne lui trouvoit pas encore assez d'esprit pour elle. Un jour elle entendit parler des Fées & de leurs Contes, chez une Dame du Faubourg saint Germain, qu'elle étoit allé voir en Visite. Elle revint chez elle, croyant qu'il étoit du bon air de parler des mêmes choses dont on s'entretenoit dans cet illustre Faubourg, cependant elle n'avoit été que dans la ruë Dauphine. Elle dit donc qu'elle aimoit outrageusement les Contes des Fées, terme qu'elle avoit parfaitement retenu, & qu'elle plaça plus de vingt fois ce jour-là même. D..... étoit trop galant pour ne pas lui offrir d'en imaginer un tout au plutôt; son offre fut acceptée, mais à condition qu'il ne feroit point en Latin. Il marchanda long-tems fur le jour qu'il le livreroit, on lui donna huit jours; au bout defquels, avec un air compofé & très-content de lui même, il lut devant la bonne Compagnie du Quartier, & dans la préfence de Mademoifelle Javotte, le Conte qui fuit.

Le Prince Bel-Efprit, & la Reine Toute-Belle.

CONTE.

IL étoit une fois une Reine, qui fe nommoit Toute-Belle; elle avoit le nés un peu retrouffé, mais plein de charmes; les yeux petits, mais tournés à la friandife; la taille petite, mais d'une Reine qu'elle étoit; la bouche un peu platte, mais remplie de toutes les perles de l'Orient: on n'en fera pas étonné, puifqu'elle reffembloit, comme deux gouttes d'eau, à Mademoiselle Javotte. La Reine Toute-Belle étoit fort occupée de son Empire, mais elle l'étoit aussi de sa beauté; & les Dimanches & les Fêtes, on admiroit sa parure; une Palatine, un petit Ruban embellissoit sa Grisette à ne la pas reconnoître, de façon que tout le monde étoit amoureux d'elle. Parmi ses soupirans, le Prince Bel-Esprit soupiroit & témoignoit son Amour par de beux Vers, & par des Déclarations continuelles. Le bonheur lui en voulut assez pour que la Reine Toute-Belle, ayant été priée de Quêter le jour du Patron de la Paroisse, le Prince Bel-Esprit l'emporta sur ses Rivaux, & fut choisi pour lui donner la main. Ce bonheur le mit au comble de la joïe; il envoya un Bouquet à la Reine, comme il se pratique, avec ces mots écrits sur un papier; *C'est un rendu*, pour faire entendre la façon dont elle le menoit tous les jours, & celle dont il la meneroit cet heureux jour. L'espérance de devenir son Compere, pour être dans la suite quelque chose de mieux, se joignoit au plaisir de paroître devant tout le monde en donnant la main à la Reine. Toutes ces idées lui donnoient une joïe qui le faisoit rire, comme l'on dit aux Anges ; mais cette heureuse situation (car les bonheurs ne peuvent pas toujours durer) fut interrompuë par plus de trente-six sols en liards qu'une main barbare jetta dans la Bourse de la plus belle des Quêteuses. La Reine Toute-Belle rougit, & versa même quelques larmes, de l'affront que lui faisoit la Fée Toinon, qui tout bascroche qu'elle étoit, n'en étoit cependant pas moins jalouse de la préférence que l'on avoit donnée à la Reine pour ce grand jour, car l'on sçait assez combien ces occasions sont agréables & souhaitées dans le monde. Le Prince Bel-Esprit rassuroit cependant la Reine par un clin d'œil, & lui disoit toujours, en souriant : Ce ne sera rien, Mademoiselle ; croyez-moi, elle en aura le démenti ; rira bien qui rira le dernier ; elle s'est trop pressée. En effet, Bel-Esprit avoit non-seuement prié tous ses Amis de donner à la Quêteuse, à charge de revanche, mais il avoit aposté plusieurs personnes, qui donnerent plus de dix-huit francs en piéces de douze & de vingt-quatre sols; de façon que la mitraille se trouva couverte, & que la grosseur de la Bourse, qui faisoit paroître la Quête admirable, fit endéver la Fée Toinon. C'est à vous, belle Javotte, de permettre à l'enchanteur Amour de couronner une aussi belle union.

Javotte piquée de ce que son Avanture devenoit publique par cette indiscretion (car la chose lui étoit en effet arrivée depuis peu) & désespérée surtout d'apprendre que les dix-huit francs venoient de la générosité de son Amant, & non pas de son mérite, dit tout haut: Que le Prince Bel-Esprit étoit un Sot, & qu'elle le chassoit de sa Cour. Elle a tenu parole, & D..... a perdu une belle Fille & une grosse Dotte, pour n'avoir pû se taire encore quelque tems sur les dix-huit francs. Les Femmes n'aiment point qu'on leur reproche les dépenses.

Pour Sainte Elisabeth.

Monsieur l'Abbé ***, bel Esprit de la ville du Mans, étoit lié de la plus étroite amitié avec Madame de ***; elle s'appelloit Elisabeth. Le jour de sa Fête il entre dans son appartement au moment qu'on l'éveilloit, tenant dans sa main une Corbeille couleur de rose; il l'aborde en disant ces mots:

Pour vous composer un Bouquet,
Des plus brillantes Fleurs j'ai choisi l'assemblage,
Du beau Sexe qui nous engage
Vous êtes le plus bel objet;
Sur les Fleurs de notre Bouquet
Elles ont le même avantage.

Alors il léve le dessus de la Corbeille,

beille, il en tire le Bouquet, mais surpris, il dit :

Mais hélas ! ces Fleurs sont passées,
Votre réveil a changé leur état !
Par les vôtres je vois qu'elles sont effacées ;
Près de vous tout se fanne, & tout perd son éclat.

Les Epreuves d'Amour dans les quatre Elémens.

HISTOIRE NOUVELLE.

UNE Dame dont je tairai le nom, appellée Cecile, fort adonnée aux amusemens de l'esprit, avoit éxigé d'un Cavalier qui la consideroit beaucoup, une Histoire de sa façon pour Bouquet, en guise de Discrétion qu'il avoit perduë avec elle à certain jeu ; dont voici comme il s'acquitta.

Eulalie étoit née pour éprouver les caprices les plus singuliers de la

C

Fortune & de l'Amour; sa beauté étoit conforme à sa naissance, & c'est tout dire. Sa vie commença d'abord au Bal de l'Opera de Paris, où Madame sa Mere se trouva dans la nécessité de la mettre au monde. Elle y fut reçûë par une troupe de Masques, parmi lesquels il s'en trouva un en Sage-Femme & l'autre en Nourrice, qui faciliterent beaucoup la naissance de la jeune Eulalie. D'un autre côté le jeune Allenis naissoit. C'étoit un Cavalier qui devoit être accompli, comme il le fit voir dans peu. C'étoit lui-même que le Ciel destinoit pour causer & partager les Avantures d'Eulalie; car nous naissons toujours assortis à quelqu'autre, la question est de nous rencontrer.

Cependant la belle Eulalie entra en Nourrice comme Allenis en sortoit; leur Etoile commença par les faire venir Frere & Sœur de Lait; jugez de la simpathie que cela leur donna l'un pour l'autre. Aussi peut-on avancer que ce commencement leur procura, par la suite, l'occasion de se connoître, de s'attacher encore plus étroitement l'un à l'autre, & de remplir leur Vocation. Je passerai, s'il vous plaît, en silence toutes les gentillesses d'une Enfance si charmante, qui rempliroit un Volume, afin d'aller en avant dans une Histoire si interressante. Passons donc tout d'un coup à l'Adolescence de ces pauvres Enfans ; ce que j'en dis de pauvres Enfans, n'est pas qu'ils ne fussent assez accommodés des biens de Fortune pour avoir de quoi, mais c'est par rapport aux révolutions de leurs cœurs. La Fortune qui sembloit conduire leur Roman par la main, fit encore plus pour eux, & les rendit Voisins de quartier, ensorte qu'il n'y avoit que la ruë entre-deux. Bien-tôt leurs Parens qui s'étoient plû à voir l'attachement réciproque de ces deux Enfans, & qui s'en faisoient un jeu, en craignirent les suites. Une broüillerie survenuë à propos entr'eux, fut le commencement des Infortunes qui tourmenterent la vie de nos Amans. Les voilà donc séparés & réduits à ne se plus voir qu'à la dérobée, à la Messe & par tout où ils se rencontroient, c'est-à-dire, rarement, aux Promenades, & jamais aux Spectacles. Heureusement ils demeuroient vis-à-vis l'un de l'autre, & ils passoient une bonne moitié de la journée à leurs fenêtres, à s'envoyer mille regards & mille soupirs que les Zéphirs leur portoient & rapportoient sans cesse très-fidellement. Ce soulagement leur suffisoit; l'Amour se passe à peu quand il est jeune, mais leurs Parens s'en apperçûrent, on changea Eulalie d'appartement; cette derniere séparation leur parut bien plus insupportable que la premiere. Ils auroient passé leur vie à se regarder à travers de la ruë, du moins ils le croyoient. A cet âge on ne croit rien d'impossible. Il fallut s'aider, & chercher des moyens & des expédiens pour éluder la rigueur de leurs Tirans. La Fortune qui ne faisoit que semblant de les abandonner, les tira d'embarras. Heureusement le Feu prit chez Eulalie, mais avec tant de violence, que c'étoit un charme de voir comme en un instant la Maison parut toute enflammée. L'occasion étoit trop belle pour qu'Allenis n'en profitât pas. Il ne perdit point de tems, & sans craindre ni Feu, ni Flamme, il se jetta tout au travers de l'Incendie ; & fit si bien qu'il pénétra jusqu'à la Couchette d'Eulalie, l'en tira le plus modestement qu'il put ; la prit entre ses bras, & l'emporta si à propos chez lui, que le plancher d'Eulalie s'éfondra le moment d'après, & la Maison presque consumée tomba en ruine, & s'écroula sur elle-même si parfaitement, que ce n'étoit plus qu'un monceau de décombremens qui n'avoit plus ni forme, ni figure de Maison. La confusion fut aussi grande que le désordre ; ensorte que les Parens ne sçachant à qui entendre, ne s'apperçûrent pas de l'heureux Enlevement de leur chere Fille, & même ils firent mieux, car ils crurent qu'elle avoit été brûlée & écrasée avec les meubles & le reste de la Maison. Tandis qu'ils la pleuroient, nos heureux Amans étoient réünis en secret par le plus grand bonheur du monde : jugez de leurs transports, de leur Amour ; c'est-là où l'Histoire reste tout court : on ne peut décrire ce qu'on ne peut définir. Mais cependant remarquons la délicatesse d'Eulalie, qui entre les bras de son Amant, devoit naturellement n'avoir rien à désirer, & qui pourtant regretta de n'avoir pas sauvé de l'Incendie quelques petits Billets doux qu'elle avoit reçûs de son cher Allenis. Cependant il la tenoit avec bien du secret dans sa chambre au troisiéme, la nourrissant de tout ce qu'il pouvoit attrapper à la Cuisine, & y mettant jusqu'au dernier sol de l'argent qu'on lui donnoit pour ses menus plaisirs, mais l'Amour suppléoit au reste : si la chere étoit courte, les contentemens étoient grands. Leur félicité paroîtra incroyable aux insensibles ; mais laissons-les là, ils ne sont bons à rien. Ces deux Amans passoient les jours entiers à s'aimer &

à en être charmés ; ils n'avoient pas le tems de songer à l'avenir ; ils n'envisageoient que le présent, & en profitoient : qu'auroient pû faire de mieux des gens plus raisonnables & plus expérimentés ? Le bonheur de leur Roman fut troublé par cette fatalité qui ne permet jamais à la félicité d'être durable. Un fripon de Valet s'apperçut de quelque chose, il en jasa, tout fut découvert ; & l'on vint arracher, un beau matin, Eulalie d'entre les bras de l'Amour même. Quel réveil ! Car enfin elle dormoit alors ; il falloit bien dormir quelquefois. Une Mere fâcheuse, comme c'est l'ordinaire, l'enleva d'authorité ; ce qui fut accompagné de quelques petites influences sur les joües de roses d'Eulalie. Qu'avoit fait la pauvre Enfant, que tout autre n'eût fait à sa place ? Les voilà donc séparés comme si de rien n'étoit, sans sçavoir ce qu'ils alloient devenir ; & il n'en resta à Allenis, sans compter le reste, que le plaisir d'avoir sauvé Eulalie du Feu, & le chagrin de la perdre peut-être pour jamais. Mais il y a, comme on dit, un Dieu pour les Enfans & pour les Amans, car c'eſt tout un. Allenis à force de remuer, apprit enfin que l'on alloit mener Eulalie au Couvent dans une Province des environs de Paris, & qu'apparamment elle étoit perduë pour lui ſans retour. Effectivement, ſa Mere prétendoit en faire, bon gré malgré, une Religieuſe pour toute ſa vie; & pour mieux y déterminer ſa Fille, elle lui avoit fait accroire l'inconſtance de ſon Amant. Filles, ne vous y trompez pas, c'eſt la rubrique ordinaire dont les Parens ſe ſervent en pareil cas. Eulalie, qui ne le croyoit pas plus que de raiſon, laiſſoit faire ſa Mere, & prenoit par force le parti d'obéïr. Le jour du départ fatal arriva. Il fallut ſe lever pour la derniere fois; on la mit en Caroſſe, & l'on partit ſans lui permettre d'aller faire ſes adieux dans le Quartier. C'eſt alors que l'infortunée Eulalie ſentit, plus que jamais, toute la force de ſon malheur; un foible rayon d'eſpérance l'avoit toujours soutenuë, mais voyant que chaque pas qu'elle faisoit l'éloignoit de son cher Allenis, & l'approchoit de son éxil éternel, elle perdit la tramontane. Le désespoir s'empara de son triste cœur ; elle prit une résolution bien terrible, & n'attendit qu'une occasion favorable pour l'éxécuter. Mais, me dira-t-on, on n'a point de nouvelles d'Allenis ? Patience, Lecteur, chacun aura son tour ; nous l'avons laissé rongeant son foin, il ne tardera pas à reparoître sur la Scene. Eulalie rouloit, lorsqu'à une certaine distance il survint une Riviere qu'il falloit passer dans un Bac ; à cet aspect, Eulalie feignit d'avoir peur, & demanda à descendre ; comme on cherchoit à l'amadoüer, on n'eut garde de lui refuser sa demande. Etant donc descenduë à pied dans le Bac, elle s'approcha d'un des bords, & dans l'endroit où l'eau étoit la plus forte, elle se précipita à corps perdu ; aussi-tôt en entendit derriere un grand cri, & un des gens de Livrée ne fut ni fol, ni étourdi,

C v

mais sans perdre de tems il se jetta après elle dans le dessein de la sauver ou de périr avec. Aussi étoit-ce le désespéré Allenis qui s'étoit ainsi travesti pour suivre sa Maîtresse de l'œil ; comme il s'étoit jetté déja une fois dans le Feu pour elle, il n'est pas étonnant qu'il se jettât à l'Eau pour la sauver encore une fois.

Cependant le courant qui étoit extrêmement rapide, avoit déja entraîné bien loin Eulalie & son Amant ; il faisoit des efforts surnaturels pour la joindre. . . . . . .

Ici l'Histoire s'est trouvée par malheur interrompuë, mais on fera son possible pour engager l'Auteur à nous en donner promptement la seconde Partie, qui ne sera peut-être pas la derniere.

Suite des Epreuves d'Amour dans les quatre Elémens.

Pour peu qu'on s'en souvienne, on peut se rappeller aisément que nous avons laissé nos deux Amans à veau-l'eau. Les Spectateurs les avoient perdus de vûë, & se contentoient, ne pouvant faire mieux, de les recommander à Saint Nicolas ; cependant Allenis ne s'endormoit pas de son côté ; au contraire, il fit tant qu'il joignit enfin sa chere Eulalie, que ses hardes, & quelques mouvemens involontaires qu'elle faisoit de tems en tems faisoient revenir sur l'eau ; mais au moment que je parle son Amant alloit mettre la main dessus, il la voyoit faire le plongeon ; & lui-même alloit à la dérive. Ce petit manége dura quelque tems ; Allenis essuyoit toutes ces contrarietés ; il retournoit sans cesse avec une patience admirable à la charge ; & sans attendre que sa Proye reparût, il alloit même en plongeant la chercher jusques au fond des ondes ; tel un Barbet courageux qui poursuit un Canard. Il étoit tems que leur naufrage finît, Allenis épuisé rassembla toute son industrie ; & à force de ruser, il saisit Eulalie par ses beaux cheveux, qui flotoient au gré des eaux. Alors ranimé par cet heureux avantage, il la remorqua jusques sur la rive, & la fit échoüer sur un gafon, qui fembla fe trouver là exprès pour recevoir une fi belle charge; il ne l'eut pas plutôt mife à fec, que fe mettant à la confidérer, il crut s'appercevoir que la vie lui manquoit, & qu'elle l'avoit laiffée au fond de la riviere. Alors il fut fur le point d'aller s'y jetter lui-même, défefpéré d'en avoir fait à deux fois ; il prenoit congé de fa pauvre défunte par mille baifers qu'il prodiguoit fur ce vifage, où il n'y avoit plus que des lys, lorfqu'ayant par hazard rencontré fa chere bouche, il fentit quelque refte de refpiration ; il eût non-feulement partagé fon ame avec elle, mais il lui auroit volontiers tranfmife toute entiere. Il continua donc, c'étoit de quoi ramener un mort, auffi fit-il. Eulalie reprenant haleine, foupira, ouvrit un de fes beaux yeux mourans, & le premier regard fut adreffé à fon Libérateur, qui joüit de fa resurrection avec des transports trop grands pour être sensibles : trop heureux de pouvoir éprouver alternativement qu'on peut mourir de plaisir ainsi que de désespoir. Tandis qu'ils étoient tous deux dans cet heureux partage de la mort à la vie, les parens, les amis, & tous les passagers arriverent à la file; & nos Amans sans s'en appercevoir, s'en trouverent environnés. Chacun félicita Allenis, excepté la mere qui l'en remercia froidement, & qui fit transporter sa fille autre part, sans vouloir permettre à Allenis de venir prendre un air de feu avec elle; il fut, comme on dit, obligé de se sécher où il s'étoit moüillé : ce dernier trait de dureté l'affligea plus que tout le reste; mais il s'en consola par le plaisir d'avoir sauvé ce qu'il aimoit. Il prit donc son parti, & devint ce qu'il plut à la Fortune.

Cependant, après qu'on eut fait à Eulalie tout ce qu'on put lui faire humainement, il fallut remonter en carosse, & continuer la route. On arriva trop tôt pour elle, dans le triste séjour où elle devoit être confinée bien-tôt après. Elle reçut les adieux de toute la carossée ; on la laissa aussi moüillée de ses pleurs que si elle sortoit encore de la riviere ; mais sa mere n'en répandit point, & partit après avoir recommandé aux Meres discrettes de lui donner le plus de vocation qu'il seroit possible pour la vie Religieuse.

Voilà donc Eulalie claque murée. Sa clôture lui parut un enfer anticipé ; elle fut parmi ses Vestales quelque tems comme au milieu des Sauvages dans une Isle inhabitée ; elle ne voyoit & n'entendoit rien ; lorsqu'à la longue parmi les jeunes Professes, qui s'empressoient autour d'elle, elle en apperçut une qui avoit un faux air tout à fait ressemblant à Allenis. Elle se mit à l'envisager plusieurs jours de suite ; sa prestance, sa corporance, son maintien, son âge, son son de voix, sa voix même, ses discours équivoques, & tout enfin lui gagna insensiblement le cœur ;

elle sentit que c'étoit, ou que ce devoit être Allenis en personne; rarement le pressentiment nous trompe, sur tout quand il est fondé sur la vraisemblance, & appuyé par l'Amour. En effet c'étoit Allenis, qui, à l'aide de sa phisionomie modeste, & de sa jeunesse, avoit trouvé le secret d'entrer parmi les Novices de ce Couvent. Il ne tarda pas à ne plus laisser aucun doute à Eulalie du recouvrement de son Amant; ce fut alors qu'elle pardonna tout à la Fortune. Quel plaisir pour deux Amans de porter le même habit, d'avoir la même demeure, les mêmes fonctions, les mêmes devoirs, & de ne voir entre eux d'autres différences que celle qui servoit encore plus à les réunir! Ils comptoient faire ensemble Profession; ils avoient toujours fait les mêmes vœux: ainsi ceux qui leur restoient à faire leur paroissoient la consommation du reste. Le tems de la Profession approchoit; ils soupiroient après ce moment, qui devoit les unir pour jamais. Ils auroient voulu en être au lendemain ; mais le démon de la jalousie se fourra entre deux ; leur grande liaison, ou plutôt l'instinct des quelques Nones fit qu'elles examinerent le plus qu'elles purent la fausse Novice. L'Amour heureux est aveugle, la Félicité porte avec elle une espece de sécurité, qui devient souvent très-dangereuse ; quoi qu'il en puisse être, Allenis fut trahi par son sexe, qui traperçoit à travers de sa guinpe. La None qui s'étoit furtivement assurée du fait n'en douta plus ; & soit par désespoir ou par l'amour de sa Regle, elle fut dénoncer ce qu'elle avoit vû, & en faire la description authentique aux Meres discrettes, qui eurent peine à croire ce rapport. L'affaire fut mise en délibération ; celle qui nioit le fait, n'étoit pas fâchée en secret de s'en convaincre par ses propres yeux, c'est ce qui fut exécuté fort heureusement pour elle. Un beau matin Allenis fut pris au sault du lit, il n'y eut pas moyen d'éluder ; la conviction fut telle, qu'il fut dès-lors traité comme un loup qui se seroit sauvé dans la Bergerie : cependant l'on en revint après bien des debats à un parti plus raisonnable, qui étoit de ne laisser rien ébruiter. Après avoir pris d'Allenis un serment qui rassura toute la Communauté, & qui maintint chaque Religieuse dans son innocence, on lui fit déposer les dépoüilles Monastiques, que l'on rebenit après ; & on lui fournit les vieux habits d'un Sacristain mort depuis peu à la fleur de son âge au service du Couvent : ainsi Allenis fut renvoyé, avec défense de roder autour du Couvent, & d'en approcher plus près qu'à la portée du pistolet. On dit qu'Eulalie ne fut pas la seule qui le regretta ; toutefois pour ne rien avancer qui ne soit vraisemblable, son désespoir fut égal à sa perte, mais il fut presque secret ; heureusement pour elle, on convint pour plus de sûreté de lui faire recommencer son Noviciat. Je dis heureusement, parce que cela lui mettoit encore une année devant elle, comme on dit qui a terme ne doit rien, & le tems amene bien des évenemens, qui n'arriveroient pas sans lui.

De quoi l'Amour feminin n'est-il pas capable, quand il est contrecarré si constamment! Eulalie passoit le tems à imaginer inutilement, lorsqu'enfin n'ayant plus d'autres ressources, elle s'en tint aux expédiens bien imprévus, qui fut de faire semblant d'être enceinte. On lui apprit à en feindre tous les symptômes les plus significatifs, on lui fournit à mesure de quoi s'arondir la taille. Comme elle s'étoit fait aimer dans le Couvent, elle y trouva secrettement tous les secours nécessaires. Les choses étant en cet état, un bruit sourd en circula par toute la Communauté; l'habitation qu'Allenis avoit faite dans le Couvent ne nuisit pas à la confirmation de cette rumeur. Autre conseil fut tenu dans le Chapitre secret, & l'on résolut d'en écrire à la mere, qui, aussi-tôt la Lettre reçûë, devint comme une furie, déclara qu'elle renonçoit sa fille pour jamais, qu'elle l'abandonnoit à son mauvais destin, la privoit de sa succession ; & que de plus par la présente elle lui envoyoit sa malediction. Que faire à tout cela ? la grossesse prétenduë alloit toujours son chemin & augmentoit à vûë d'œil, la terreur augmenta aussi dans le Couvent ; peut-être que si l'on eût pû espérer qu'Eulalie n'accouchât que d'une fille, on auroit pû la garder ; mais on craignit qu'elle ne mît au monde un garçon, & même deux ; quel scandale auroit-ce été ! Dans cette incertitude on signifia à Eulalie qu'elle eût à prendre son parti le plus promptement qu'elle pourroit ; d'autant plus que le terme approchoit, & que le bruit qui transpiroit déja au dehors se répandroit bien-tôt dans les environs.

Eulalie accepta son congé à belles baise-mains, elle sortit sans sçavoir ce qu'elle deviendroit ; il ne faut qu'aimer, avec l'Amour on croit que terre ne peut jamais manquer.

Notre nouvelle défroquée se réfugia donc dans l'endroit le plus prochain, & là elle voulut reprendre son honneur, qu'elle avoit laissé dormir quelque tems ; c'est-à-dire, qu'elle abjura sa prétenduë grossesse, & rentra dans le rang des Vierges, pour passer bien-tôt dans celui des Martyrs, comme nous l'allons voir. Le Juge des Lieux informé de sa sortie du Couvent, & du motif qui en avoit été cause, ne lui voyant plus cette rotondité qu'elle avoit rapportée dans le siécle, crut qu'elle étoit accouchée en secret ; c'est pourquoi il se transporta sur le lieu, pour la féliciter sur son heureuse délivrance, & en même-tems pour lui signifier qu'elle eût à lui représenter son fruit ; ce que n'ayant pû obtenir d'elle à cause de l'impossibilité, il la fit appréhender au corps & conduire en prison, ne doutant pas un moment qu'elle ne se fût défait du nouveau né ; on juge aisément de l'embarras où elle fut pour faire voir qu'elle n'avoit jamais été grosse, & en effet malheureusement pour elle rien n'est plus difficile à prouver ; elle eut beau nier, ses protestations & une chanson furent la même chose. Monsieur le Bailli entendit en déposition toute la Communauté l'une après l'autre, qui soutint unanimement son dire, ajoutant qu'elle s'y connoissoit très-bien, & qu'elle n'étoit point si facile à être affrontée. Enfin il résulta d'un témoignage si authentique, qu'Eulalie auroit été grosse, & le Bailli suppléa d'office qu'elle étoit accouchée clandestinement sans avoir acelarné, c'est le terme, & qu'elle s'étoit défait de son fruit. Pour réparation de quoi il la condamna à être suspenduë & à mourir au bout d'une corde. On sera sans doute étonné de la briéveté avec laquelle on rendoit la Justice en ce païs-là, le fait n'en est pas moins constant; & il y a souvent bien des réalités ausquelles il ne manque que la vraisemblance ; peut-être que pour connoître l'innocence d'Eulalie, on eût pû procéder aux vérifications, & rapports des personnes expertes en ce cas; mais soit à cause de leur incertitude, ou par autres raisons que ce soit, on n'en vint pas là : & dès le lendemain, l'innocence même fut conduite au lieu de l'exécution, avec un grand concours. Allenis y fut comme les autres. Quel coup de foudre pour lui, quand il apperçut la patiente Eulalie à la potence; & qui plus est, Eulalie perfide, infidelle, condamnée pour un crime, auquel il n'avoit point donné lieu : car il l'avoit toujours respectée si parfaitement, qu'il étoit sûr de n'avoir aucune part à cette maternité, & qu'il ne lui en avoit fourni aucun titre. Désespéré d'une infidélité si publique, bien plus que de sa mort, qui sembloit le venger, il fut tenté de la laisser subir son supplice. Mais quoi! voir pendre ce qu'on a tant aimé, & ce qu'on aime encore; car la tendresse d'un Amant n'expire pas toujours avec la fidélité d'une Maitresse, & l'Amour meurt rarement de mort subite; cependant il étoit tems de résoudre, Eulalie n'avoit plus qu'un inſtant à vivre, le lien malheureux qui devoit lui ôter la vie entouroit déja ce col d'ivoire & d'albâtre : quels nœuds, grand Dieu! au lieu de celui qu'il devoit former, & qui devoit l'attacher pour jamais à ſon Amant! Allenis ne put ſouffrir ce ſpectacle plus long-tems; à tout hazard, il ſe mit avec cinq ou ſix étourdis, auſſi touchés de compaſſion que lui, ils s'unirent, & faiſant un eſcarre dans la preſſe, Allenis d'un coup de ſabre coupa la corde fatale, & reçut Eulalie dans ſes bras, tandis que ſes Camarades, à l'aide de quelques coups de plat d'épées, écarterent le reſte; & lui donna le moyen de ſe ſauver avec elle, dont le Bailli fit un beau Procès verbal. Ainſi Eulalie qui avoit penſé périr dans le feu, dans l'eau, & tout-à-l'heure en l'air, fut pour la troiſiéme fois ſauvée par ſon Amant; cependant nos Oiſeaux s'envoloient à titre d'aîle. Comme tout ſe trouve à point dans les Hiſtoires extraordinaires, Allenis rencontra un

Cheval qui paiſſoit non loin de là qui lui vint fort à propos; au hazard de le crever, il lui fit faire une traite, qui paroîtroit ſans doute incroyable, ſi tout n'étoit pas poſſible dans de certaines circonſtances.

La Fortune qui ſembloit vouloir ſe réconcilier avec eux, après leur avoir fourni les moyens de ſe mettre en ſûreté, n'en demeura pas là. Allenis reçut des nouvelles du païs, qui lui mandoient que ſon pere étoit à l'extrémité, & qu'il n'avoit point de tems à perdre, s'il vouloit venir recueillir ſes derniers ſoupirs, & ſa ſucceſſion. Dans cette extrémité, combattu par l'amour, par la piété envers ſon pere, & par le beſoin futur, où il alloit tomber, il crut qu'il ne devoit pas laiſſer mourir ſon pere ſans lui; il fallut encore ſe ſéparer de ſa chere Eulalie; mais il eſpera que cette ſéparation ſeroit la derniere, & qu'ils ſe réüniroient enfin une bonne fois pour tout. Cependant certains pronoſtics opiniâtres qui reviennent toujours quand

on

on les chasse, sembloient lui présager quelque chose de sinistre ; il avoit beau les secoüer, il buvoit, il mangeoit, alloit, venoit, demeuroit & dormoit malgré lui avec eux, il ne pouvoit deviner à qui ils en vouloient, & ne prévoyoit pas qu'il pût lui arriver rien au-delà du trépas de son pere. Il part donc, & les adieux furent entremêlés de soupirs plus accablans que jamais. A peine Eulalie, qui l'avoit suivi des yeux, autant qu'ils pouvoient s'étendre, eut perdu de vûë cet objet que l'Amour sembloit ne lui faire que prêter, qu'elle tomba dans un abattement affreux ; elle eut tous les avant-coureurs de la maladie la plus en forme, & la plus considérable qu'on puisse avoir ; le courage, qui l'avoit soutenuë jusqu'ici, lui fit faux bond tout à coup, elle s'en trouva moins qu'une femmelette accablée de la perte d'une Genuche ou d'un Perroquet. La maladie ne manqua pas de se déclarer au plutôt ; il fallut se mettre au lit pour n'en plus relever ;

D

malgré la disette de Médecins, le mal empira de lui-même, sans autre secours, & vint à tel point qu'elle cessa de donner aucun signe de vie. Ce moment fatal arriva jour pour jour le quinziéme du départ d'Allenis, qui, sans sçavoir rien de rien arrivoit à toutes jambes, & se trouva justement à tems, pour assister au Convoi & Enterrement d'Eulalie. Ce fut alors que le désespoir eut son cours; peu s'en fallut qu'il ne se fît enterrer avec elle; mais on ne voulut pas lui accorder cette foible consolation. On le ramena malgré lui au logis de la défunte, où ce fut encore pis quand il ne l'y trouva plus; il ne laissoit pas de la chercher par tout. Les grandes douleurs sont folles; celles d'Allenis furent des plus extravagantes, mais elles lui étoient bien pardonnables; quand on perd tout, on peut bien perdre l'esprit; il lui en resta cependant assez, pour lui faire prendre une résolution qui marquoit bien la grandeur de son amour, & qui prouva que le tems ne pouvoit jamais le diminuer. Pour exécuter ce grand deſſein, il attendit la nuit, qui heureuſement ne tarda pas ; auſſi-tôt il fut trouver le corps d'Eulalie, qui giſoit dans ſa derniere demeure. Là malgré la peur des Revenans, il fit ſi bien qu'il ſe coucha avec elle dans le deſſein d'y mourir tout enterré : il ſe mit donc lui-même tout au fond, charmé de ſe trouver enfin réüni pour jamais avec ſa Maitreſſe; il ſe recouvrit de terre le mieux qu'il put, & ſe rangeant côte à côte du corps d'Eulalie, il ſe mit à lui tenir les diſcours les plus tendres, qui auroient été capables de réchauffer ſa cendre, s'il n'eût répandu en même tems un torrent de larmes ; ce fut alors qu'un doux ſommeil venant fermer ſes yeux, il ſe crut mort. On ſe tromperoit à moins, puiſque le ſommeil eſt le frere de la mort, & reſſemble à ſa sœur comme deux gouttes d'eau. Dans cet état ſon eſprit ne s'endormit pas, & continua par un ſonge agréable à s'entretenir

D ij

avec la défunte, qui de son côté sembloit lui répondre sur le même ton. Qui auroit pû les oüir auroit sans doute été très-étonné d'entendre dire à des morts des choses si belles, que les vivans auroient eu de la peine à en dire autant. Ainsi se passa la nuit entiere, lorsqu'Allenis qui ne croyoit plus être en vie, eut quelque soupçon du contraire. A force d'y prêter attention, il crut entendre sa voisine soupirer, & gémir à son tour ; il se rappella certains discours, des réponses, des plaintes, & des tendresses, qu'il croyoit venir de l'autre monde, ou plutôt il s'y crut avec Eulalie ; cependant à travers quelques vuides qu'il n'avoit pas rebouchés exactement, le Soleil pénétra ce mystere, & par des détours obliques porta ses rayons naissans jusques au fond de leur sépulture. Est-ce vous, cher Amant, lui dit Eulalie ? Quoi ! vous n'avez donc pû me survivre ? Quelle marque d'amour viens-je de recevoir de votre part ! Ah ! je m'en souviendrai éternellement! Vous le voyez, répondit Allenis, le trépas nous a réünis. Que faire où vous n'êtes pas ? la vie est où vous êtes, ce n'est plus être mort que d'être avec vous *. Mais, dit Eulalie, en bonne-foi sommes-nous morts ? Je ne sçais, mais je vous avouërai que j'ai de la peine à le croire. Ah! n'en doutez pas, répondit Allenis, puisque nous sommes enterrés, ce font nos ombres & nos ames qui s'entretiennent. Tâtez comme nos corps sont froids; mais vraiment ils ne le sont pas, s'écrierent-ils tous deux, s'étant tâtés en même-tems! Ah! dit Allenis, c'est une chaleur d'amour, c'est le feu dont nous avons brûlé qui couve sous sa cendre, & qui s'entretient par le voisinage de nos corps. Je ne sçais, dit Eulalie, mais il me semble que je me sens comme si j'étois pleine de vie. Après tout, comme je n'avois jamais été morte au-

* C'est un Vers; on ne sçait d'où il vient, ni ce qu'il deviendra.

paravant, j'ignore comme on est quand on n'est plus, & je m'en rapporte à vous. Je croirai tout ce qu'il vous plaira, reprit Allenis, & je ne serai mort qu'autant que vous le serez; mais éclaircissons-nous, la vie en vaut bien la peine. Tout en disant cela, ils se demenerent, & se débarrasserent un peu de leur funeste attirail. O Ciel! s'écrie Allenis, ressuscitons-nous ? Est-ce aujourd'hui le grand jour ? Je ne sçais où j'en suis, ni ce que nous sommes. A tout hazard, voyons, levons-nous, & sçachons un peu ce qui se passe. Oüi je reconnois tous ces lieux; ils sont comme je les ai laissés. Voyez cette colline à gauche, & ce vallon au bas; ce ruisseau qui serpente, ces gasons qu'il fait naître, ces campagnes émaillées, & ces fleurs odorantes; je vois, j'entends les heurex Habitans de ces cantons fortunés chanter, & danser au son de la Musette; voilà des Troupeaux paissans, des Agneaux bondissans, des Chiens & des Bergers, des Cabanes rusti-

ques, des Toits couverts de chaume.
Tandis qu'Allenis, chemin faifant,
faifoit l'Inventaire de ce qu'il voyoit,
Eulalie lui dit: on nous prendra pour
une Mafcarade, fi l'on nous voit; ré-
fugions-nous promptement à la mai-
fon, & là nous nous inftruirons du
refte. Ils arriverent à la porte du logis, où ils ne furent pas plutôt en-
trés que chacun difparut. La frayeur
s'empara de toute cette maifonnée;
ils ne purent trouver à qui parler qu'à
eux, mais cela leur fuffit; peu à peu
il s'affurerent réciproquement qu'ils
étoient en pleine fanté. Petit à petit,
ceux qu'ils avoient fi fort effarou-
chés revinrent, & s'apprivoiferent
avec nos Revenans. Enfin Eulalie,
& fon Amant, apprirent qu'on l'a-
voit crûë affez morte pour l'enterrer; qu'apparamment il lui avoit pris
une foibleffe, qui étoit dégénérée en
létargie; & que comme il eft arrivé
de nos jours, à plufieurs morts que
l'on connoît, on l'avoit enterrée vi-
vante; il fallut bien en paffer par là,
& recevoir les excufes qu'on leur

D iiij

fit à ce sujet. Ainsi Allenis remplit la quatriéme Epreuve d'Amour dans le quatriéme Elément, & se retrouva dans le sien, qui étoit les bras d'Eulalie, qu'il épousa enfin, au grand contentement de tous ceux qui sçurent cette Histoire, qui n'aura peut-être jamais son semblable, quoi que pourtant, il n'y ait rien que de très-faisable. Ceux qui voudront en retirer quelque belle moralité en Amour, y trouveront celle-ci, tiens-bon & je t'aurai.

Fin.

D'une Pierre deux coups.

CErtaine Dame, à dessein ou autrement, tourmentoit jour & nuit Monsieur Tirsis, pour sçavoir s'il n'avoit point quelque Anguille sous roche, c'est-à-dire, une Maitresse. Comme la Discrétion est une des premieres obligations de la Galanterie, le Chevalier ne répondoit point *ad rem* ; mais peut-on toujours résister à de beaux yeux & à une belle bouche réunis ensemble ! La Dame étoit aussi aimable qu'on doit l'être quand on a ces sortes de curiosités ; & il étoit peu de choses dans le monde , qu'elle ne fût en droit d'obtenir. Ses appas mettoient dans ses prieres une autorité absoluë. Un jour donc de Sainte Catherine , qui étoit sa Fête , elle reçut dès le matin de la part du Sieur Tirsis, un petit paquet cacheté d'un Chifre inconnu ; elle l'ouvre aussi-tôt , & trouve , quoi ! me direz-vous , ce n'étoit qu'un petit Miroir de poche , avec ces mots écrits au-dessous : *N'osant vous nommer mon Vainqueur , vous y verrez son Portrait.* Ce que voyant la Dame , elle passe dans son Cabinet , refit un paquet du même Miroir , & le renvoya par le même Porteur au Galant, qui fut désespéré en recevant son paquet. Il crut que la Dame le méprisoit ; cependant il l'ouvrit en tremblant : quel fut son ravissement ! quand il vit qu'elle y avoit ajouté au bas ces mots consolans: *Je vous en livre autant.*

Qui perd gagne, Histoire.

FRAGMENT.

L......... L'infortuné M. Usquebak, toujours conduit par son malheux sort, après avoir erré long-tems par toute la Ville de.. se trouva enfin rendu sur le Pont Royal vers la minuit & une heure. Là excedé de fatigue & d'ennuis, le cœur gonflé de soupirs, & les yeux noyés de larmes, il leur donnoit un libre cours, assis nonchalamment sur l'une ou l'autre Banquette, lorsqu'un événement imprévû, & invisible lui fit malgré lui interrompre ses tristes rêveries, & le tira d'un sommeil qui commençoit à l'assaillir. D'abord il lui sembla oüir quelque mouvement & quelques sons mal articulés, qui venoient de loin. La curiosité calma pour un moment son désespoir, & lui fit tourner l'oreille de ce côté-là ; foit que le vent favorable alors lui portât la parole, ou autrement, il diftingua fans rien voir, des gémiffemens, qui partoient d'une femme, envers qui on vouloit apparamment ufer de violence. Il fut bientôt plus inftruit ; car quoi que la nuit femblât ce jour-là avoir employé exprès toutes les voiles les plus opaques, il difcerna ce dont il s'agiffoit, par ces mots que la fureur dictoit : Non cruelle ! difoit l'autre, il n'eft plus tems de vivre ; il faut enfin expier à la fois vos refus, vos rigueurs, & toutes vos cruautés, barbare que vous êtes ; & mille autres invectives femblables qu'il vomiffoit à longs flots Il n'y a que la mort qui puiffe m'ôter un Amour fi mal récompenfé; & vous jugez bien qui de nous l'a mieux mérité. En difant cela, il affit la pauvre Dame fur le bord du Parapet, les jambes paffées du côté de la Riviere, & étoit prêt de la précipiter. Dans cette fituation affreufe, la malheureufe infortunée qui ne tenoit presque plus à rien, joignoit les mains; & par les accens les plus pitoyables, conjuroit inutilement l'inhumanité de son Bourreau, qui devenoit toujours plus dur qu'un Pharaon. Quoi! disoit-elle, en se racrochant du mieux qu'elle pouvoit, dans un moment qui est le dernier de ma vie, refuserez-vous de m'entendre? C'est pour vous avoir trop entendu que je ne vous entends plus. Mais que vous ai-je donc fait, disoit-elle? Vous vous êtes trop fait aimer, disoit-il. Mais, disoit-elle, a-t-on jamais noyé une femme comme moi? encore si je vous avois aimé, si après l'avoir fait, je vous avois fait des infidélités, des perfidies, à la bonne heure, vous pourriez vous fâcher; mais je vous ai toujours haï. De bonne foi, c'est peut-être un grand malheur pour moi que d'être insensible, j'y perds pour le moins autant que vous; mais qu'y faire, il ne m'est pas plus aisé d'avoir pour vous de l'amour, qu'à vous-même de vous défaire de celui que vous avez pris, d'ici à demain je ne vous dirois pas autre chose; ce seroit vous trahir que de vous rendre heureux, car votre bonheur ne seroit pas véritable... Et que m'importe brusquement, reprit notre désespéré ? attrappez-moi toujours de même, une erreur véritable est un bonheur réel. * Mais c'est perdre un moment trop précieux en discours inutiles; vous sçavez que jusqu'ici j'ai mieux aimé mourir que de vous violenter en la moindre chose, & que si j'avois voulu user de la loi du plus fort, mon amour à présent en auroit le cœur net. Ingrate ! je voulois ne vous devoir qu'à votre propre goût, & que votre cœur devînt un présent de votre main; mais va-t'en voir s'ils viennent : enfin je suis trop désesperé pour n'en pas finir. Encore un coup & pour la derniere fois, il faut opter; ça, cruelle, le cœur ou la vie. Ni l'un ni l'autre, répon-

* Il faisoit des Vers par mégarde; l'indignation fait le Vers.

dit l'inhumaine assez séchement. Ah! ç'en est trop, tygresse. Ce fut le propre terme dont il se servit. A ces mots, s'abandonnant à sa rage, qui croissoit d'autant plus, il prend l'Objet de sa fureur à travers le corps, & après l'avoir quelque tems balancée en l'air, comme pour la lancer à l'eau, il la jetta tout au beau milieu du pavé du Pont; & détournant tout à coup contre lui-même son désespoir, il se précipita à corps perdu dans les flots, en s'écriant : mourons comme j'ai vécu.* A ce changement de scene, & au bruit de sa chûte, la pauvre delaissée fit un grand cri, auquel le Sieur Usquebak accourut aussi-tôt. Dieux! quel fut son étonnement suprême, quand il reconnut que la Dame en question étoit sa femme, qui lui avoit été enlevée la surveille de ses Nôces, & dont il pleuroit depuis six semaines le ravissement & l'infidélité; car il ne doutoit pas qu'elle n'eût

* C'étoit un Marin.

prêté la main à son enlevement. Elle se justifia aisément de ce reproche ainsi que du reste. Sa résistance, & le désespoir du Ravisseur, joint au petit colloque qu'ils avoient eu enble, quadroient parfaitement avec son innocence ; l'Amour croit volontiers une Maitresse innocente. Ainsi nos deux Epoux se trouverent réünis, par une des plus singulieres avantures, dont il ait jamais été fait mention sur le Pont Royal. Cette intacte Lucrece rentra dans les bras de M. son Epoux, comme elle en étoit sortie ; & retrouva dans lui-même un Amant aussi tendre, mais moins furieux que le défunt. C'est ce qui a fait intituler cette Histoire véritable, de *Qui perd gagne*, par laquelle les Dames voyent que la fidélié est toujours bonne à avoir, & qu'un Amour qui n'est pas en regle, tourne mal à son Auteur. On ne doute pas cependant, qu'après les explications indispensables entre eux, leurs premiers soins n'ayent été de faire secourir le malheureux, qui s'étoit noyé à leur sujet,

Galanteries nouvelles d'un Marchand Boucher à sa Maîtresse.

IL y avoit une fois un honnête Boucher, qui avoit bien plus d'argent que d'esprit, duquel il fit l'usage qui s'ensuit. On l'avoit invité de faire une Galanterie à sa Maîtresse, il rêva donc si long-tems que le Mardi-Gras arriva ; comme il n'y avoit plus de tems à perdre, il imagina de lui envoyer un Bœuf, dans lequel il y avoit un Cochon, qui renfermoit un Veau, où étoit contenu un Mouton, où l'on avoit mis un Poulet d'Inde, lequel contenoit un Chapon du Mans, garni en dedans d'une Bartavelle, où se trouvoit un Ortolan ; & ainsi toujours en diminuant, l'un dans l'autre, jusqu'à une petite Moviette, dans laquelle, pour finir, il avoit écrit un Billet de Déclaration, en ces termes : « Si le contenu du présent » Billet est agréable à Mademoiselle, » je préférerois la Moviette à l'Orto- » lan,

Ian, Perdrix, Chapon, Dindon, « Mouton, Veau & Cochon, & je « m'estimerois plus heureux que ce « Bœuf gras. «

Le Poisson d'Avril.

UN Amant, qui par hasard n'avoit pû plaire à celle qu'il aimoit, ne laissa pas de gager contre elle qu'il lui donneroit le meilleur Poisson d'Avril du monde; elle de son côté ne voulant pas demeurer en arriere, gagea aussi contre lui qu'elle lui en fourniroit un bien plus beau. Ledit Sieur fit donc faire une Caisse en forme de Poisson d'Avril, mais assez grande pour qu'il pût se fourer dedans. Effectivement il s'en fit un étui, & l'on le transporta ainsi chez sa Demoiselle, laquelle en conçut à l'instant de si grands soupçons, qu'elle se douta du contenu. Elle trouva justement sous sa main un autre de ses Amans qui lui plaisoit infiniment, & avec qui elle étoit en pour-parler de Nôces; c'est pourquoi elle s'assit avec lui sur la Caisse énigmatique; & là, sans autre façon, y reçut & accepta de lui toutes les Promesses imaginables d'Amour & de fidélité, à charge d'autant; le tout accompagné de railleries & plaisanteries à l'encontre de celui qui faisoit l'ame du prétendu Poisson d'Avril. On demande lequel des deux valoit le mieux.

ON propose par imitation, à l'émulation des Amateurs de Vers, une nouvelle fabrique de Sonnets qui n'ont point encore eu leur semblable à la Cour d'Apollon; Ami Poëte ou Versificateur, qui que tu sois; que si ce nouveau genre vous duit, vous pouvez, chemin faisant, perfectionner cette nouveauté.

Sonnet en Rimes rentrantes.

Oublions un Objet, dont les charmes puissans,
Eurent trop de pouvoir sur mon ame asservie;

Que la Table, la Chasse & les Jeux innocens
Remplissent tour à tour mes désirs & ma vie.

Que je suis foible encore ? & quels transports
 je sens ?
Je reprens à regret ma liberté ravie.
Venez à mon secours, Dieu du vin, j'y consens;
Je ne puis boire, hélas! qu'à l'ingrate Sylvie.

Son image s'obstine à me suivre en tous lieux,
Même au fond de mon verre, à mes yeux,
Et je sens à la fois deux yvresses pour une.

Ne forçons point l'Amour, & laissons
 dans un cœur
S'éteindre d'elle-même une flâme importune,
Qui cherche à se guérir, irrite son mal heur.

FIN.

www.ingramcontent.com/pod-product-compliance
Lightning Source LLC
LaVergne TN
LVHW050637090426
835512LV00007B/904